L'autobus magique

md

dans l'Arctique

Un livre sur la chaleur

Les éditions Scholastic

D'après un épisode de la série télévisée animée
produite par Scholastic Productions Inc.,
inspirée des livres *L'autobus magique*
écrits par Joanna Cole et illustrés par Bruce Degen.

Adaptation du livre d'après la série télévisée de Anne Schreiber et illustrations de Art Ruiz.
Scénario télé de Briant Meehl, Beorge Bloom et Jocelyn Stevenson.
Texte français de Lucie Duchesne

Données de catalogage avant publication (Canada)

Cole, Joanna
    L'autobus magique dans l'Arctique : un livre sur la chaleur

Traduction de : The magic school bus in the Arctic.
ISBN 0-439-00508-6

1. Chaleur - Ouvrages pour la jeunesse. I. Degen, Bruce.
II. Duchesne, Lucie. III. Titre.

QC256.C6414 1999 j536 C99-930848-3

L'autobus magique est une marque déposée de Scholastic Inc. Pour toute
information concernant les droits, s'adresser à Scholastic Inc.,
555 Broadway, New York, NY 10012.

Édition publiée par Les éditions Scholastic, 175, Hillmount Road, Markham
(Ontario) Canada L6C 1Z7.

4 3 2 1   Imprimé au Canada   9 / 9 0 1 2 3 4 / 0

Mme Friselis est le professeur le plus bizarre de l'école. Des choses étranges semblent toujours se produire dans sa classe. Mais depuis l'arrivée de l'automne et du temps froid, il n'est rien arrivé d'anormal.

Jusqu'à aujourd'hui...

Tout a commencé dans la cafétéria, lorsque Jérôme a commandé une tasse de lait au chocolat chaud. Il attend un peu pour ne pas se brûler, et lorsqu'il prend sa première gorgée, toute la chaleur s'est déjà échappée par une fenêtre ouverte. Jérôme a maintenant un chocolat chaud, mais tiède...

— Où la chaleur est-elle partie? demande-t-il.

Et c'est là que nous avons vu cette étrange étincelle dans les yeux de Mme Friselis.

L'instant d'après, nous sommes à bord de l'autobus magique, mais au lieu de pneus, il a des skis et des chenilles, comme un char d'assaut. Nous nous rendons à l'un des endroits les plus froids de la Terre, l'Arctique, et nous n'avons même pas nos manteaux!

Mme Friselis appuie sur un bouton, et des blousons tombent du plafond de l'autobus. Mais ils sont trop minces pour nous garder au chaud. Et pendant que Frisette cherche le bouton pour faire tomber des anoraks, elle conduit l'autobus dans de l'eau glacée et profonde.

Lorsque nous arrivons sur l'autre rive, l'autobus est couvert de glace et le moteur est gelé.

Puis, l'autobus s'arrête... Nous sommes COINCÉS DANS L'ARCTIQUE!

Nous devons trouver une façon de réchauffer l'autobus et de revenir à l'école. Nous avons froid, et la pauvre Liza est frigorifiée.

— Liza est un animal à sang froid. Elle trouve la plupart de sa chaleur à l'extérieur de son corps, explique Pascale en mettant Liza dans son blouson. Ne t'en fais pas, Liza. Je suis un être à sang chaud. Ma chaleur te réchauffera.

Au même moment, Catherine tire un vieux coffre de bois trouvé sous un siège. À l'intérieur, il y a plusieurs paires de lunettes protectrices. Mme Friselis explique que ce sont des «superdétecteurs de chaleur».

C'est amusant. Lorsque nous les mettons, nous voyons réellement la chaleur s'échapper de nos corps.

— En bougeant, dit Pascale, on doit perdre de la chaleur.

Nous voyons la chaleur s'échapper par le plafond de l'autobus.

La chaleur s'échappe rapidement. Nous devons trouver une autre source de chaleur. Heureusement, Jérôme a trouvé un peu de bois dans le vieux coffre. En quelques secondes, un feu brûle et Mme Friselis nous prépare du thé au citron.

Ce feu est une très bonne source de chaleur.

Cette excursion me réchauffe le cœur.

Le bois ne dure pas longtemps, alors nous brisons en morceaux un autre coffre de bois. À l'intérieur, il y a des bouillottes.

Mme Friselis verse du thé dans une bouillotte. Avec nos superdétecteurs de chaleur, nous voyons la chaleur y entrer.

Carlos place la bouillotte à l'intérieur de son blouson. Il a tout de suite plus chaud.

Jérôme regarde les autres bouillottes sur le sol.

— Et si nous couvrions le moteur de l'autobus avec des bouillottes remplies d'eau chaude? suggère-t-il. La chaleur des bouillottes se propagera au moteur, le moteur se réchauffera, l'autobus pourra démarrer et nous pourrons rentrer chez nous.

C'est une bonne idée, mais elle arrive trop tard.

Au même moment, la glace sur laquelle nous nous trouvons se brise en morceaux. L'autobus s'éloigne, avec Raphaël, Pascale — et Liza!

Nous devons sauver Raphaël et Pascale, mais nous sommes gelés.

— Hé! fait Carlos. Ma bouillotte commence à refroidir.

— Il faut trouver une autre source de chaleur, dit Jérôme en regardant le livre d'Hélène-Marie. Oui! Nous pourrions utiliser ça!

Il commence à déchirer des pages du livre et les met dans son blouson :

— Je déteste abîmer un livre, mais c'est un cas d'urgence. En mettant ce papier entre nous et l'air froid, cela empêchera la chaleur de se dissiper.

Le papier ralentit un peu la perte de chaleur. Mme Friselis nous explique que le papier sert d'isolant : il conserve la chaleur à l'intérieur. Mais nous devons trouver une meilleure source de chaleur si nous voulons sauver l'autobus et rentrer chez nous.

— Il y a un manteau de fourrure et une source de chaleur au nord d'ici, dit Frisette. Suivez-moi.

Mme Friselis a raison. Cette source de chaleur est chaude, très poilue et sent... le poisson. Soudain, nous comprenons. Ce n'est pas une source de chaleur ordinaire. C'est un OURS POLAIRE!

— Courez! lance Carlos.

— Cachez-vous! crie Thomas.

— Quelle horreur! s'écrie Kisha.

Mme Friselis vient à la rescousse. Elle allume le réducteur portatif et zoum! nous devenons minuscules.
Nous nous enfouissons dans la fourrure de l'ours.

Nous sommes tout petits, mais bien au chaud. Nous pouvons voir la chaleur qui s'échappe du corps de l'ours polaire, emprisonnée dans ses poils épais et entremêlés. La fourrure conserve la chaleur, tout comme le papier sous nos blousons conservait la chaleur de nos corps.

Soudain, notre ours se met à se gratter. Nous essayons de résister, mais c'est peine perdue. Il est temps de décamper.

Quelle es<u>cour</u>sion!

Dans l'autobus, Pascale et Raphaël ont très froid. Pascale cherche des couvertures. Mais lorsqu'elle fouille dans le compartiment des couvertures, elle en sort une poignée de graisse gluante.

— Ça, une couverture? demande-t-elle.

— C'est de la graisse, dit Raphaël en regardant par son superdétecteur de chaleur. Et ça conserve sûrement la chaleur.

C'est aussi mou que du beurre.

Oui. Ça contient 100 % de matières grasses.

Soudain, l'autobus commence à pencher dangereusement. Raphaël et Pascale regardent par les fenêtres et aperçoivent des morses qui essaient de monter sur la banquise!

— Est-ce que je rêve? Ces morses nagent dans ces eaux glaciales sans perdre trop de chaleur corporelle? demande Pascale. Et ils n'ont même pas de fourrure épaisse comme celle des ours polaires.

— C'est la graisse de leur corps qui conserve la chaleur, un peu comme la graisse que tu tiens dans ta main, dit Raphaël.

— Si ça fonctionne pour les morses, ça fonctionnera pour nous, dit Pascale.

Pascale et Raphaël retournent à l'autobus et se couvrent de graisse gluante.

Mais Pascale et Raphaël ne sont pas au bout de leurs peines. Leur banquise se défait en morceaux, et nous ne pouvons pas les rejoindre!

— Il faut les sauver, dit Kisha.

— Mais nous ne survivrons jamais dans ces eaux glaciales, dit Hélène-Marie.

— Pas de problème, dit Frisette. Liza va nous aider.

Elle siffle et lance :

— À toi de jouer, Liza!

Oh oh! je pense que Frisette a une idée.

Liza s'élance vers l'autobus et appuie sur un bouton du tableau de bord.

Soudain, le toit de l'autobus s'ouvre et quelque chose est projeté vers nous.

Nous nageons vers l'autobus, bien au chaud
dans nos combinaisons de graisse.

Nous sommes heureux de retrouver nos amis. Mais nous devons trouver une façon de réchauffer l'autobus pour rentrer chez nous.

Nous faisons de l'exercice. La chaleur qui s'échappe de nos corps fait fondre la graisse et réchauffe l'autobus... pendant un certain temps. Puis la chaleur s'échappe par le toit de l'autobus.

— Il faut trouver une façon de capter la chaleur pour la conserver à l'intérieur, dit Jérôme.

La chaleur s'échappe!

Il faut encore trouver un isolant, dans cet isolement.

Heureusement, l'autobus est muni d'un dispositif de construction d'igloos. Nous construisons un igloo autour de l'autobus pour empêcher la chaleur de s'échapper. Mme Friselis nous explique que la neige de l'igloo peut conserver la chaleur parce que la neige est remplie de minuscules poches d'air. La chaleur se loge dans ces poches et y reste.

Dès que nous avons fini de construire notre igloo, nous recommençons nos exercices, avec vigueur. La chaleur de nos corps reste emprisonnée dans l'igloo, et l'autobus se réchauffe. En criant ciseau, le moteur est prêt à démarrer. Nous montons à bord.

Il était temps. Mme Friselis a transformé l'autobus en hélicoptère juste avant que la banquise se réduise en miettes.

De retour à l'école, Jérôme commande une nouvelle tasse de lait au chocolat chaud. Mais cette fois-ci, il ne laisse pas la chaleur s'échapper. Il enveloppe sa tasse dans un étui rembourré.

— Nous ne sommes plus isolés, mais tu as un isolant! dit Mme Friselis.

Je vois que Jérôme a une autre boisson chaude.

Et cette fois, ça restera chaud.

Letters to the Friz

Chère Mme Friselis,
Je ne comprends pas pourquoi les enfants ont été couverts de graisse alors qu'ils n'avaient qu'à porter des combinaisons de plongée.

Angèle

Chère Angèle,

Les combinaisons de plong[ée] contiennent des millions de petites poches d'air qui capt[ent] la chaleur et gardent les plongeurs au chaud dans l'eau froide. Mais nous croyons que la graisse fonctionne mieux.

À bientôt.

Mme Friselis

Chère Mme Friselis,
Quelle trouvaille que ces détecteurs de chaleur! Où pourrais-je en trouver?

Votre ami,

Geoffroy

Cher Geoffroy,

Désolée, les détecteurs de [ ] chaleur sont des lunettes magiques, et introuvables su[r] le marché. Mais même si tu ne peux généralement pas voir la chaleur se déplacer, t[u] peux toujours la sentir.

Frisette

Aux élèves de Mme Friselis,

Comment avez-vous pu laisser Mme Friselis amener Liza dans l'Arctique? Tout le monde sait que les animaux à sang froid ne peuvent pas survivre dans des climats aussi froids.

La présidente du comité de défense des reptiles,

Odile (mon surnom est Croc)

Chère Croc,

Merci de te soucier de Liza. Mais n'oublie pas que tout ça est de la magie. Nous avons un autobus magique... et Liza est une magicienne!

Les élèves de la classe (bizarre) de Mme Friselis

Pour Carlos,

Je te signale qu'il est impossible de fabriquer un igloo en quelques secondes. Si tu demandes aux Inuits, ils te le diront.

Un sceptique

Chers enfants,

J'espère que vous reviendrez nous voir bientôt. La prochaine fois, DÉFENSE (hi hi!) de ne pas vous habiller en conséquence.

La famille A. Morse

Essais et erreurs. À faire à la maison.

T'es-tu déjà demandé comment on pouvait conserver la chaleur? Fais cette expérience pour trouver quels matériaux captent le mieux la chaleur.

Choisis divers matériaux. Voici quelques suggestions : du coton, une taie d'oreiller, un sac de couchage, du papier d'aluminium et du papier. D'après toi, qu'est-ce qui va se passer?

Fais des prédictions. À ton avis, quel matériau est le meilleur isolant? Écris tes prédictions.

Maintenant, demande à une grande personne de t'aider à faire des rôties. Il te faut une rôtie pour chaque matériau que tu expérimenteras.

Lorsque chaque rôtie est prête, emballe-la rapidement dans un de tes matériaux isolants. Garde chaque rôtie enveloppée au même endroit pendant trois minutes.

Maintenant, ouvre chacun des emballages et touche chacune des rôties. Laquelle est la plus chaude? Est-ce que ta prédiction était exacte?

Répète cette expérience pour voir si tu obtiens les mêmes résultats. Chaque fois, note tes observations. Mais, surtout, ne va pas à l'extérieur en portant seulement une taie d'oreiller comme protection contre le froid!